Carol Roth · Valeri Gorbatschow

Winnie will woanders schlafen

EDITION JÜRGEN LASSIG

Nord-Süd Verlag

Carol Roth wurde in New York, in den USA geboren. Nach dem Pädagogikstudium am »Queens College«, New York, unterrichtete sie viele Jahre angehende Kindergarten-erzieherinnen und -erzieher.
Seit einiger Zeit widmet sie sich hauptsächlich dem Schreiben von Kinderbüchern und Bilderbuchgeschichten.
Carol Roth hat zwei erwachsene Kinder und lebt mit ihrem Mann in New City, einem Vorort von New York.

Valeri Gorbatschow wurde 1944 geboren.
Er emigrierte 1991 mit seiner Frau und zwei Kindern aus der Ukraine in die USA. Während seiner Zeit in der ehemaligen Sowjetunion illustrierte er über vierzig Kinderbücher, darunter viele eigene Texte. Seine Illustrationen wurden mehrfach international ausgestellt. Valeri Gorbatschow – er lebt heute mit seiner Familie in New York – hat in den USA bereits mehrere Bilderbücher illustriert.

Aus dem Amerikanischen von Christiane Jung

Originaltitel: *Little Bunny's Sleepless Night*
Lithographie: Die Repro, Tamm
Gesetzt in der Veljovic Book, 16 Punkt
Druck: Proost N.V., Turnhout
ISBN 3 314 00968 2

1 2 3 4 5 03 02 01 00 99

Die Deutsche Bibliothek – CIP-Einheitsaufnahme

Gorbatschow, Valeri: Winnie will woanders schlafen /
Valeri Gorbatschow.
[Aus dem Amerikan. von Christiane Jung].
– Gossau Zürich ; Hamburg ; Salzburg :
Nord-Süd-Verl., 1999 (Edition Jürgen Lassig)
Einheitssacht.: Little Bunny's Sleepless
Night <dt.>
ISBN 3-314-00968-2

In der Edition
Jürgen Lassig
im Nord-Süd Verlag
ist bereits
erschienen:

Winnie und die wilden Wölfe

Sooft es ging, war Winnie bei Tante Wera zu Besuch. Bei ihr bekam er nämlich immer sein eigenes Zimmer mit seinem eigenen Bett. Und Winnie fand es herrlich, alles Spielzeug ganz für sich allein zu haben.

Aber diesmal fühlte sich Winnie schrecklich einsam ohne seine Geschwister – so einsam, dass er nicht einschlafen konnte.
»Darf ich heute Nacht nicht woanders schlafen, Tante Wera?«, fragte Winnie.
»Woanders?«
»Ja, bei einem guten Freund«, sagte Winnie.
»Ich glaube, hier in deinem Bett schläfst du am besten«, sagte Tante Wera. »Aber wenn du es unbedingt willst – nur zu!«

Also hoppelte Winnie hinüber zu seinem
Freund Eichhörnchen.
»Darf ich heute Nacht bei dir schlafen?«

»Natürlich«, sagte Eichhörnchen und bat ihn herein. Winnie kuschelte sich neben Eichhörnchen ins Bett und war froh, dass er nun nicht allein schlafen musste.
»Gute Nacht, Eichhörnchen«, sagte Winnie.
»Gute Nacht, Winnie«, sagte sein Freund.

K-R-A-C-K K-R-A-C-K K-R-A-C-K!!!

Winnie schlief sofort ein. Doch schon kurz darauf schreckte er hoch.
K-R-A-C-K! – K-R-A-C-K! – K-R-A-C-K!!!
»Was ist das für ein Lärm?«, fragte er und setzte sich im Bett auf.
»Ich knacke nur ein paar Eicheln«, sagte Eichhörnchen. »Nachts muss ich immer einen kleinen Happen essen.«
»Vielen Dank für die Gastfreundschaft, aber bei dem Krach kann ich nicht schlafen!«

Also hoppelte Winnie zu seinem Freund Stinktier.
»Darf ich heute Nacht bei dir schlafen?«
»JA! JA! HUNDERTMAL JA!«, rief Stinktier sofort.
»Noch *nie* hat mich jemand gefragt, ob er bei mir schlafen darf!«
Und damit Winnie es sich nicht noch anders überlegte, zog Stinktier ihn zu sich ins Haus.
»Wie lustig«, sagte Stinktier, als sie sich in die Betten legten.
Und bald darauf schliefen sie schon…
Aber nicht lange.

Bald wachte Winnie von einem schrecklichen Gestank auf. »Was stinkt denn hier so?«, fragte er und sprang hoch. »Ich glaube, das war ich«, sagte Stinktier, »ich hab mich erschrocken, weil ich ganz vergessen hatte, dass du zu Besuch bist… und da muss ich wohl gesprüht haben.« »Danke für die Gastfreundschaft, aber bei dem Gestank kann ich nicht schlafen!«

Also hoppelte Winnie zu seinem Freund Igel.
»Darf ich heute Nacht bei dir schlafen?«
»Natürlich«, sagte Igel. »Du bekommst mein Bett und ich schlafe auf dem Fußboden.«
»Hurra!«, rief Winnie, kletterte in Igels Bett und hopste vergnügt darin herum.

A-U-U-U-A-A-A!!!

»A-U-U-U-A-A-A!«, schrie Winnie,
»was liegt denn hier im Bett?«
»Das sind nur meine Stacheln«, sagte Igel.
»Manchmal verliere ich ein paar im Bett.«
»Vielen Dank für die Gastfreundschaft,
aber mit Stacheln im Bett kann ich nicht
schlafen!«

Also hoppelte Winnie zu seinem Freund Bär.
»Darf ich heute Nacht bei dir schlafen?«
»Na klar, fühl dich ganz wie zu Hause«, sagte Bär.
Winnie war schon so müde, dass er sich einfach
auf dem Fußboden zusammenrollte und
sofort einschlief.

Doch schon bald wurde Winnie von einem
lauten, rumpelnden Geräusch geweckt.
Oh, nein, ein Gewitter!, dachte er.
Aber es war gar kein Gewitter.
Sein Freund Bär schnarchte!
»Bei diesem Geschnarche kann ich nicht
schlafen!«, sagte Winnie und ging.

Also hoppelte er zu seiner Freundin Eule.
»Darf ich heute Nacht hier schlafen?«
»Ja, sicher, wenn du möchtest«, sagte Eule.
»Komm nur herein.«

Und Winnie war so erschöpft, dass er sofort einschlief. Doch schon bald wurde er wieder geweckt. Ein helles Licht schien ihm direkt in die Augen.
»MACH DAS LICHT AUS! BITTE!«, rief er.
»Ich kann nicht«, sagte Eule. »Nachts lese ich immer. Deshalb bin ich auch so weise geworden.«
»Wenn du so weise bist, dann sag mir doch bitte, wie ich heute Nacht jemals einschlafen kann!«
»Das ist ganz leicht«, sagte Eule. »Geh einfach in dein eigenes Bett.«

Und Winnie folgte dem Rat seiner weisen Freundin.
Müde schleppte er sich zu Tante Weras Haus.
Sein Bett sah so gemütlich aus wie nie zuvor.

Er sprang hinein.
»Wie herrlich!«, sagte er und streckte sich. »Nirgends kracht es, es stinkt nicht, nichts pikst, niemand schnarcht und keiner lässt das Licht brennen. Nur ich, ganz allein in meinem ruhigen, friedlichen Bett. Jetzt kann ich endlich einschlafen.«

Und das tat Winnie auch! Denn Tante Wera hatte Recht gehabt.